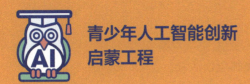

青少年人工智能创新
启蒙工程

AI魔法课堂
逻辑冒险 第3册

方海光 郑志宏 | 总主编
田露 万晶 燕梅 | 主编

人民邮电出版社
北京

图书在版编目（CIP）数据

AI魔法课堂：逻辑冒险 / 方海光，郑志宏总主编；田露，万晶，燕梅主编. -- 北京：人民邮电出版社，2024. -- （青少年人工智能创新启蒙工程）. -- ISBN 978-7-115-65091-7

Ⅰ. G624.583

中国国家版本馆CIP数据核字第2024B42Y69号

内 容 提 要

《AI魔法课堂：逻辑冒险》是专为小学低年级的学生设计的人工智能科普图书，旨在通过一系列富有挑战性和趣味性的实践活动，引导学生深入探索人工智能领域的逻辑进阶知识。本书不依赖任何电子设备，通过动手实践的方式，帮助学生培养逻辑思维能力和创造力，为未来的学习和探索奠定坚实的基础。本书适合小学低年级的学生阅读。

- ◆ 总 主 编 方海光 郑志宏
  主 编 田露 万晶 燕梅
  责任编辑 王 芳
  责任印制 马振武
- ◆ 人民邮电出版社出版发行 北京市丰台区成寿寺路11号
  邮编 100164 电子邮件 315@ptpress.com.cn
  网址 https://www.ptpress.com.cn
  涿州市般润文化传播有限公司印刷
- ◆ 开本：787×1092 1/16
  印张：4.25 2024年9月第1版
  字数：35千字 2025年1月河北第3次印刷

定价：30.00元

读者服务热线：(010)53913866 印装质量热线：(010)81055316
反盗版热线：(010)81055315
广告经营许可证：京东市监广登字 20170147 号

专家委员会

安晓红	边 琦	蔡 春	蔡 可	柴明一	陈 梅	陈 鹏	
杜 斌	傅树京	郭君红	郝智新	黄荣怀	金 文	康 铭	
李 锋	李怀忠	李会然	李 磊	李 猛	刘建琦	马 涛	
陕昌群	石群雄	苏 宁	田 露	万海鹏	王海燕	武佩峰	
武瑞军	武 装	薛海平	薛瑞玲	张 蓓	张 鸽	张景中	
张 莉	张 爽	张 硕	周利江	朱永海			

编委会

白博林	鲍 彬	边秋文	卞 丽	曹福来	曹 宇	崔子千
戴金芮	邓 洋	董传新	杜 斌	方海光	高桂林	高嘉轩
高 洁	郭皓迪	郝佳欣	郝 君	洪 心	侯晓燕	胡 泓
黄颖文惠	季茂生	姜 麟	姜志恒	焦玉明	金慧莉	康亚男
孔新梅	李福祥	李 刚	李海东	李会然	李 炯	李 萌
李 婷	李 伟	李泽宇	栗 秀	梁栋英	刘慧薇	刘 娜
刘晓烨	刘学刚	刘振翠	卢康涵	吕均瑶	马 飞	马小勇
满文琪	苗兰涛	聂星雪	裴少霞	彭绍航	彭玉兵	任 琳
陕昌群	单楷罡	尚积平	师 科	石 磊	石群雄	舒丽丽
唐 淼	陶 静	田 露	田迎春	涂海洋	万 晶	汪乐乐
王彩琴	王丹丹	王 健	王 青	王秋晨	王显闯	王晓雷
王馨笛	王雁雯	王 雨	魏嘉晖	魏鑫格	瓮子江	吴 昊
吴 丽	吴 俣	武佩峰	武 欣	武 艺	相 卓	肖 明
燕 梅	杨琳玲	杨青泉	杨玉婷	姚凯珩	叶宇翔	殷 玥
于丽楠	袁加欣	曾月莹	张 东	张国立	张海涛	张 慧
张京善	张 柯	张 莉	张明飞	张晓敏	张 旭	张 禹
张智雄	张子红	赵 芳	赵 森	赵 山	赵 昕	赵 悦
郑长宏	郑志宏	周建强	周金环	周 敏	周 颖	朱庆煊
朱婷婷						

总 序

在当今信息技术迅猛发展的背景下，人工智能（AI）已成为推动社会进步的关键力量。向小学生普及人工智能相关知识，培养适应未来社会的创新人才，是新时代人工智能发展的必然要求。

本套书致力于开展人工智能普及教育，重点培养小学生的逻辑思维、批判精神和问题解决能力，引导小学生掌握人工智能基本知识、认识人工智能在信息社会中愈发重要的作用、运用人工智能技术解决生活与学习中的问题。通过本套书的学习，学生能够获得人工智能的基本知识、技能、应用能力，在运用人工智能技术解决实际问题的过程中，成长为具有良好的信息意识、计算思维、创新能力以及社会责任感的公民。

本套书的学习内容均来自真实的生活场景，以问题引入，以活动贯穿，运用生动活泼、贴近生活的案例进行概念阐述。其中，每单元的开篇设置生动的单元情景、明确的单元主题、递进的学习目标、可供参考的学习工具，学生可以根据单元主题和学习目标合理安排学习进度，设定预期的学习效果。

同时，本套书还注重结合小学生的学习特点，避免了单纯的知识传授与理论灌输。本套书在编写过程中围绕学生在学校、家庭、社会中的所见所闻展开学习活动，采用体验式学习、项目式学习与探究性学习的形式，在阐述概念和理论的基础上，提升学生的学习兴趣，加强学生对人工智能的理解。

本套书共十二册，内容由浅入深，从基础逻辑知识，到数据和算法，最后到物联网和开源鸿蒙，每册都有不同的主题。本套书要求学生亲自动手完成书中的活动，让学生感受人工智能技术给人们生活带来的美好。

本套书得以完成，十分感谢来自北京、沈阳、成都等不同地区的学科专家和一线教师，他们具有丰富的教育教学经验，部分内容经过了多轮教学实践，从而保证了内容的实用性和科学性。特别感谢专家委员会的倾力指导，专家们对本套书的内容选择、展现形式、学习方式等都提出了很多宝贵的建议，极大提高了本套书的内容质量。

囿于作者能力，本套书难免存在不完善之处，敬请广大读者批评指正。

总主编 方海光

前　言

在这个日新月异的时代，科技的每一次飞跃都深刻地改变着我们的生活、学习与工作方式。人工智能，作为21世纪最具变革性的技术之一，正以前所未有的速度融入社会的每一个角落，它不仅重塑了工业生产的面貌，也悄然开启了一个智能互联的新纪元。因此，向中小学生普及人工智能相关知识，让学生从小接触、理解并探索这一前沿领域，无疑是对未来教育的一次重要布局，也是培养下一代创新者、思考者和问题解决者的关键举措。

启迪智慧，播种未来。本书旨在通过生动有趣的游戏、深入浅出的讲解和丰富多彩的实践活动，为学生打开一扇通往智能世界的大门。我们相信，每名学生都拥有无限的潜能和创造力，而人工智能的学习之旅，将是他们探索未知、激发好奇、培养逻辑思维和创新能力的绝佳途径。在这里，学生将不再只是技术的被动接受者，而是积极的探索者、创造者，可以用自己的双手和智慧，绘制出未来世界的蓝图。

寓教于乐，探索未来。为了让学习变得既有趣又有效，本书从学生身边的生活场景出发，精心设计了多样化的学习内容和活动形式。从基础的算法概念到简单的编程实践，从智能机器人的搭建到人工智能应用的案例分析，每一个单元都力求贴近低年级学生的认知特点，通过游戏化的学习方式，让学生在轻松愉快的氛围中掌握知识、提升技能。同时，我们也鼓励学生将所学知识应用于实际生活中，解决身边的小问题，体验人工智能带来的便利与乐趣。

培养素养，引领未来。除了专业技能的培养，本书更加注重学生信息素养、创新思维和社会责任感的塑造。在学习人工智能的过程中，学生将学会如何批判性地思考技术带来的影响，如何负责任地使用技术，以及如何与他人合作共同推动社会的进步。我们希望，通过本书的学习，学生能够成长为既有深厚专业知识，又具备良好人文素养和社会责任感的未来公民，为构建更加智能、和谐、可持续的社会贡献自己的力量。

在这个充满挑战与机遇的新时代，让我们携手并进，共同为学生的未来铺就一条通往智能世界的康庄大道。愿本书能够成为学生成长道路上的良师益友，陪伴他们勇敢探索、不断前行，在人工智能的广阔天地中展翅高飞，创造出属于自己的辉煌篇章！

主编 万晶

目 录

第 1 单元

制图师——四色填图 …………………………………… 10

第 1 课　色彩魔法师——初识四色问题 …………………… 11

第 2 课　快乐小达人——玩转四色游戏 …………………… 15

第 3 课　小小规划师——绘制校园地图 …………………… 19

第 4 课　生活小能手——身边的四色定理的应用 ………… 23

单元总结 …………………………………………………… 27

第 2 单元

合作游戏——网络拥塞 …………………………………… 28

第 1 课　神奇的快递员——初识网络传输 ………………… 29

第 2 课　公平的指挥官——了解网络拥塞 ………………… 32

第 3 课　聪明的调度员——拥塞控制算法 ………………… 34

第 4 课　火速的消防员——快速重传与快速恢复 ………… 36

单元总结 …………………………………………………… 39

第 3 单元

寻找宝藏——最短路径……………………………… **40**

第 1 课　宝藏的秘密——认识方向 …………………………… 41

第 2 课　小蚂蚁回家——寻找最短路径 ……………………… 44

第 3 课　夺宝新奇兵——绘制最短路径 ……………………… 47

第 4 课　胜利大本营——最短路径的校园探索 ……………… 50

单元总结 ………………………………………………………… 53

第 4 单元

孰轻孰重——快速排序……………………………… **54**

第 1 课　排序小达人——并行排序 …………………………… 55

第 2 课　步步为营——快速排序的学问 ……………………… 57

第 3 课　小小魔术师——动手排序的乐趣 …………………… 60

第 4 课　大显身手——快速排序的应用与价值 ……………… 63

单元总结 ………………………………………………………… 66

第 1 单元
制图师——四色填图

单元背景描述

我们生活在一个充满色彩的世界里，万物如果没有了颜色，我们的生活也会变得暗淡无光，丰富多彩的颜色使我们的世界更美丽。小智和小慧在认识地图时，惊奇地发现世界地图可以只用 4 种不同的颜色，就能标记所有的国家或地区，并且相邻的国家或地区使用的颜色不同。让我们和他们一起去探索颜色的奥秘，参与涂色活动，做一个小小制图师吧！

鲜艳的颜色在我们的生活中随处可见，颜色的使用有什么需要注意的吗？

颜色背后隐藏着一个数学的小秘密，你知道吗？

第1单元　制图师——四色填图

第1课　色彩魔法师——初识四色问题

活动目标

1. 了解地图填色问题及四色定理；
2. 培养学生色彩认知和动手实践能力。

活动内容

"我们都有一个家，名字叫中国。兄弟姐妹都很多，景色也不错。家里盘着两条龙，是长江与黄河呀。还有珠穆朗玛峰儿，是最高山坡……"小朋友，请你仔细观察，看看中国地图的形状像什么，中国地图上有哪些颜色？为什么要用不同的颜色标记不同的区域呢？

你知道吗？

给地图填色时，相邻的区域要使用不同的颜色标记，这样做是为了便于区分不同的区域。任意一张平面地图都可以只用4种颜色来涂色，使得相邻的区域颜色不同，这就是"四色定理"。

AI 魔法课堂：逻辑冒险

活动 1　涂一涂，画一画

活动规则： 参照左边的动物图片，在右边白框里画出鹦鹉的外形轮廓和乌龟的龟壳轮廓。

1. 要求：参照左图中的动物照片，在右边画出动物的外形轮廓。

2. 思考：一个区域只能涂一种颜色，并且相邻区域的颜色不能一样，怎样可以用更少的颜色呢？

3. 建议：先和小伙伴说一说自己的涂色方案，再涂色。

活动 2 想一想，试一试

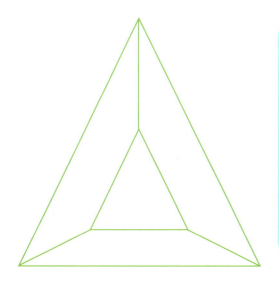

这幅图和前面的图有什么不一样？用3种颜色填色可以使相邻区域的颜色不同吗？

如果不可以，至少需要几种颜色呢？试一试。

这两个同心圆组成的圆环被均匀地分成了7份，连同中间的小圆一共8个区域。如果给这8个区域涂色，至少需要几种颜色，才能使相邻区域的颜色不同？

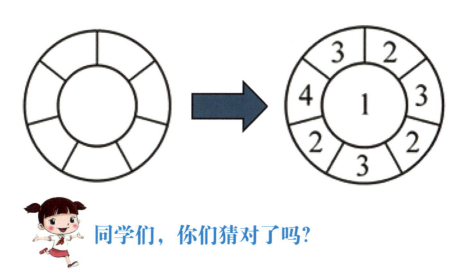

同学们，你们猜对了吗？

AI 魔法课堂：逻辑冒险

知识点总结拓展

　　这节课，同学们通过地图填色问题，了解了"四色定理"。你们知道"四色定理"的由来吗？

　　1852年，英国有一个名叫弗南西斯·格思里的人发现了"四色问题"，这个问题吸引了很多数学家研究，但始终没有得到证明。直到1976年，科学家们利用计算机检验了大量的可能情况，证明了任何一张地图只用四种颜色就能使相邻的国家或地区涂上不同的颜色，这是全世界第一个利用计算机辅助解决数学问题的著名案例，也是一个重要的里程碑事件。

第 2 课 快乐小达人——玩转四色游戏

活动目标

1. 掌握相邻概念，体验用四色定理涂色；
2. 了解四色定理在生活中的应用。

活动内容

在中国地图上，你能找到自己家乡所在的省份（自治区、直辖市）吗？你知道与家乡相邻的省份（自治区、直辖市）有哪些吗？思考身边还有哪些相邻关系，小组交流讨论，明确相邻概念。

你知道吗？

相邻是指两个或多个物体、地区、国家等在空间上彼此相接、靠近，没有被其他物体、地区、国家隔开。这个概念在日常生活中非常常见，例如我们居住的房屋可能与邻居家的房屋相邻，两座城市可能相邻。

AI 魔法课堂：逻辑冒险

活动 1 垃圾分类的染色活动

我们的校园实行垃圾分类投放，每个地方放置 5 个垃圾桶，从左向右依次标明电池、塑料、废纸、易拉罐、其他。为了美化环境，现在准备把 5 个垃圾桶染成红、绿、蓝这 3 种颜色之一。

1. 如果相邻两个垃圾桶颜色不同，一共有多少种染色方法？

2. 如果相邻两个垃圾桶颜色不同，且回收废纸的垃圾桶不能染成红色，一共有多少种染色方法？

> 第一步：先给"废纸"垃圾桶染色，因为不能染红色，所以有 2 种染法；
>
> 第二步：向左给"塑料"垃圾桶染色，因为不能和"废纸"垃圾桶同色，所以有 2 种染法；

第三步：再向左给"电池"垃圾桶染色，因为不能和"塑料"垃圾桶同色，所以有2种染法。

同理，从"废纸"垃圾桶向右染色，"易拉罐"垃圾桶和"其他"垃圾桶也分别有2种染法。

问题1：

废纸垃圾桶 – 塑料垃圾桶 – 电池垃圾桶 – 易拉罐垃圾桶 – 其他垃圾桶

$3 \times 2 \times 2 \times 2 \times 2 = 48$（种）

小朋友你会了吗？

问题2：

废纸垃圾桶 – 塑料垃圾桶 – 电池垃圾桶 – 易拉罐垃圾桶 – 其他垃圾桶

$2 \times 2 \times 2 \times 2 \times 2 = 32$（种）

〈活动 2 填色游戏

分组竞赛，按照四色定理完成填色任务，比一比哪组能用最少的步骤完成。

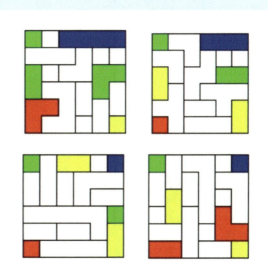

AI 魔法课堂：逻辑冒险

知识点总结拓展

> 这节课，同学们学习了"相邻"的概念，知道了"四色定理"在生活中的应用。
>
> "四色定理"中的相邻区域是指有一整段边界是公共的。如果两个区域相遇于一点或有限多点就不叫相邻了。用不同的颜色给相邻区域着色不会引起混淆。

第 1 单元　制图师——四色填图

第 3 课　小小规划师——绘制校园地图

活动目标

1. 观察并绘制简易校园地图，分享涂色的体验和小策略；
2. 通过交流展示，丰富自己的校园地图。

活动内容

同学们，我们每天在学校里学习、生活，你们观察过自己的校园吗？下面是校园的俯视图，说一说校园里都有哪些区域。

活动 1 绘制校园地图

活动规则：

1. 先获得校园俯视图，观察校园里有哪些主要建筑物和区域。

2. 了解校园各部分的形状及其位置关系，你能用合适的图形在校园地图中绘制出你了解到的信息吗？

3. 材料准备：纸、铅笔、橡皮、直尺、黑色勾线笔、水彩笔、平板电脑或相机。

我绘制的校园地图

第 1 单元　制图师——四色填图

❮ 活动 ❷ 晒一晒你的校园地图

活动规则： 请每位同学根据四色定理独立完成校园地图的涂色，然后分享自己的涂色策略、遇到的困难及解决方案。把自己绘制好的校园地图向老师、同学们展示吧！你可以试着做一个小小讲解员，介绍一下自己的学校。

实践活动中的涂色策略	解决问题过程中遇到的困难

知识点总结拓展

这节课，同学们学会了绘制简易校园地图。你知道如何快速获得一张校园平面图吗？

小窍门 1：看看学校的消防疏散平面图。

小窍门 2：使用计算机中的画图软件。

- 用画图软件勾画出校园各个区域的位置，可以请信息科技老师帮忙呀。
- 用地图软件找到学校的位置，将具体的卫星图打印出来，在上面垫上一张白纸，直接用勾线笔画出校园的轮廓。
- 准备一张校园俯视图，请 AI 小助手帮忙，快速生成校园平面图。

AI 魔法课堂：逻辑冒险

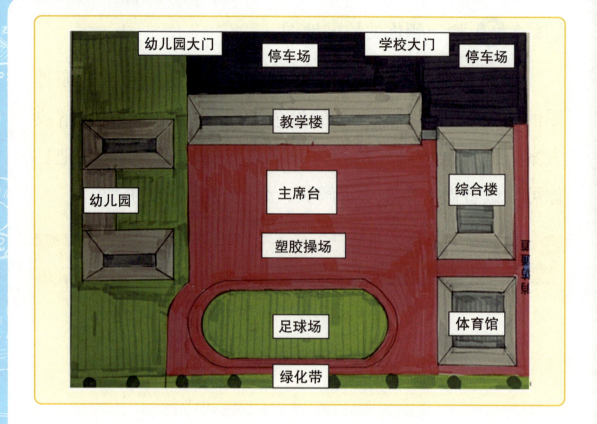

第4课　生活小能手——身边的四色定理的应用

活动目标

1. 了解四色定理在生活中的应用；
2. 了解数学与生活的联系。

活动内容

在生活中，四色定理不仅可以应用在地图中，还可以应用在很多地方，使我们的生活更加方便、高效，例如课程表的编排、图书馆书架分类、交通标志和标线、公交或轨道交通线路设计、电路板设计等。

家用电线各部分功能

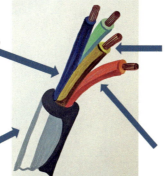

防止短路的塑料外套： 每条电线都带有塑料外套，防止电线之间彼此接触，发生短路。

保证安全的外套： 电线外面用橡胶包裹着，防止漏电。

传输电力的铜芯： 铜的电阻率很低，具有良好的导电能力。

辨别功能的颜色： 不同颜色的电线，有不同的用途。

AI 魔法课堂：逻辑冒险

> **你知道吗？**
>
> 老师们在编排活动日程时，可将其看作是一种特殊的"着色"问题，即将不同的活动视为不同的"颜色"，这样可以通过合理的安排来避免时间上的重叠。

活动 1 设计一条公交线路

我们学校周围有 A、B、C、D、E 5 个主要的公交站点，A 站点与 B 站点相邻，且距离较近；B 站点与 C 站点相邻；C 站点与 D 站点相邻；D 站点与 E 站点相邻；E 站点与 A 站点相邻。为了提高公交车的运行效率，避免在相邻站点间连续停靠，公交公司需要设计一条新的公交线路，使公交车能依次访问这 5 个站点，并且每个站点只被访问一次。请运用四色定理，为该公司设计一条合理的公交线路。

我设计的公交线路

活动 2　编排一份课程表

　　某小学的学生需要上6门课程，即语文、数学、劳动、音乐、美术和体育。每天安排6节课，为了避免学生连续上相同或相似的课程造成疲劳，学校规定以下课程组合不能连续安排：数学与语文、音乐与美术、劳动与体育。现在，请你运用四色定理为这所小学的学生编排一份合理的课程表，确保每天的课程安排既科学又高效。

课程表

节次＼星期	星期一	星期二	星期三	星期四	星期五
1					
2					
3					
4					
午饭　午休					
5					
6					
7					
8					

知识点总结拓展

　　这节课，同学们了解了"四色定理"在生活中的广泛应用，大到交通路线，小到身边的课程表。

　　在进行编排课程表的游戏时，同学们可以尝试将不能连续上的课程标记为同一种颜色，利用四色定理设计一个简单的程序，体验人工智能的便捷！

第1单元 制图师——四色填图

单元总结

本单元,同学们从身边事物入手,通过填色游戏、实践活动等,学习了"四色定理",掌握了"相邻"的概念,并运用所学知识绘制校园地图,发现了四色定理在日常生活中的应用。

我的收获

通过本单元的学习,你对以下知识掌握了多少呢?动手涂一涂吧!

知识点	评价
知道"四色定理",可以把知识讲给他人听	☆☆☆☆☆
能用多种方式绘制校园简易平面图,并能向别人介绍自己的校园	☆☆☆☆☆
了解四色定理在生活中的应用,可以利用网络搜集资料	☆☆☆☆☆
学会并使用一种智能软件,帮助自己和他人解决问题	☆☆☆☆☆
乐于和同伴一起动手实践,并分享自己的想法	☆☆☆☆☆

第 2 单元
合作游戏——网络拥塞

单元背景描述

互联网就像一座巨大的、看不见的城市，里面有许多条"信息高速公路"，这些"信息高速公路"上奔跑着各种各样的"数据车辆"，当很多人同时访问同一个网站或玩同一款在线游戏时，大量的数据就像汽车一样涌向同一条"道路"，这就可能导致网络拥塞。那么，我们该如何理解和应对这种现象呢？在这个单元中，我们将揭开网络拥塞的神秘面纱。

第 2 单元 合作游戏——网络拥塞

第 1 课 神奇的快递员——初识网络传输

活动目标

1. 理解网络传输的含义；
2. 参与课堂互动游戏，了解网络传输。

活动内容

互联网是我们生活中必不可少的工具，你对互联网有哪些了解呢？

我可以使用互联网进行学习

我在网上可以看视频

我可以……

我可以……

AI 魔法课堂：逻辑冒险

活动 1 小小快递员

假如你是 A 同学，有一本书要传递给 B 同学，请你在格子图上画一画你的传递路线，并和同学们交流你的想法。

A						
					B	

活动 2 小小传话筒

活动规则：每组轮流参赛，第一名同学随机抽取信息卡，将信息卡上的内容依次向后传递，最后一名同学汇报内容，内容正确得一分，错误不得分，积分最高的小组获胜。

知识点总结拓展

　　这节课我们通过活动 1 学习了传输可以采用多条路线，通过活动 2 了解了网络可以传输多种类型的数据。

　　你知道在互联网出现之前图片的传输方式吗？互联网出现之前，传输图片的时间通常远远长于现代互联网环境下传输图片的时间，传输图片的方式包括实物邮寄、传真机等。

第 2 课　公平的指挥官——了解网络拥塞

活动目标

1. 了解过多的数据传输请求会导致网络拥塞；
2. 了解生活中类似网络拥塞的例子及现象。

活动内容

"看不见、摸不着，传递信息千万条，家家户户离不开，获取信息很重要。"同学们知道这条谜语的谜底是什么吗？

‹活动 ❶ 纸团传递

这个活动共 3 轮：

第 1 轮，1 名同学将纸团从起点经由通道传输至终点；
第 2 轮，2 名同学将纸团从起点经由通道传输至终点；
第 3 轮，3 名同学将纸团从起点经由通道传输至终点。
游戏过后，请你说一说你的发现或感受。

第 2 单元　合作游戏——网络拥塞

终点

起点

终点

起点

终点

起点

活动 2　争分夺秒

每组 4 名同学，每组第一名同学将手中纸团传递给后面的同学，1 分钟内传递纸团最多的组获胜。

注意：活动中须注意安全，传输通道中的同学要避免推搡，避免与通道旁的桌椅或其他同学发生碰撞。

知识点总结拓展

这节课我们主要了解了什么是网络拥塞，通过两个活动，体会了多人同时在线导致拥塞、多人互传导致拥塞的现象，让我们把网络拥塞的知识和家人一起分享吧！

1946 年，世界上第一台通用电子计算机"ENIAC"在美国宾夕法尼亚大学诞生，它的诞生具有划时代的意义，对计算机乃至人类历史的发展产生了极其深远的影响。

AI 魔法课堂：逻辑冒险

第3课　聪明的调度员——拥塞控制算法

活动目标

1. 结合生活经验，分享交流调度的作用；
2. 参与课堂游戏，了解解决网络拥塞的方法。

活动内容

"网络王国"里住着很多"人"，其中"调度员"就像交通警察，当"高速公路"上信息过多、拥挤不堪时，"调度员"就需要施展魔法，让信息有序流动，避免"堵车"。

活动 1 涂一涂

为了缓解交通压力，A城市三环路以内道路设置限行政策，周一车牌尾号为1和6的汽车禁止通行，假如今天是周一，请你给不能通行的汽车涂上红色。

第 2 单元　合作游戏——网络拥塞

活动 2 涂一涂

在没有交通信号灯的路口，请你为可以优先通行的车辆涂上红色。

 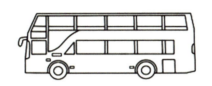 

知识点总结拓展

这节课我们学到了解决网络拥塞的 2 个方法：限行、优先通行。你还能想到其他解决网络拥塞的方法吗？和同学们一起交流一下吧！

"调度员"可真厉害，限行、优先通行都是解决网络拥塞的好方法，我们每个人都应像"调度员"一样，让信息有序地流动，合理使用网络资源，保障网络高效畅通。

第4课　火速的消防员——快速重传与快速恢复

活动目标

1. 能够通过生活中的案例了解数据丢失现象；
2. 了解快速重传与快速恢复在数据传送过程中的作用。

活动内容

琪琪喜欢搭积木城堡，每次搭好城堡后，她都会记录用了多少块积木，每种颜色和每种形状的积木各用了几块，有一天，她的记录单不小心弄丢了，重要的记录不见了，这就是数据丢失。

当我们使用电子设备时，如果没有妥善保存好信息，就会造成数据丢失。

‹活动 1 物品接力

活动规则：每小组第一名同学抽取一件物品，将物品依次向后传递，如果中间某个同学没能正确传递，最后一名同学就要大声说"请求重传"，该组从出错的位置重新开始传递，传递正确且用时最快的小组获胜。

第 2 单元　合作游戏——网络拥塞

活动 2　连连看

连一连：请你以最快的速度找到每张油画丢失的一角。

AI 魔法课堂：逻辑冒险

知识点总结拓展

　　无论是互联网通信，还是平时的数据存储，数据的完整性都是非常关键的，我们要养成定期保存和备份数据的好习惯，保护好自己的数据。

常见的数据存储类型

图片：JPG、PNG
视频：MP4、WMV
文档：DOCX、PDF

单元总结

本单元我们通过游戏认识到什么是网络拥塞,并找到了解决网络拥塞的办法。

我的收获

通过本单元的学习,你对以下知识掌握了多少呢?动手涂一涂吧!

能用自己的话解释什么是网络拥塞	☆☆☆☆☆
掌握了至少一种解决网络拥塞的方法	☆☆☆☆☆
养成了定期保存和备份数据的好习惯	☆☆☆☆☆
乐于参与课堂游戏	☆☆☆☆☆
积极发言,乐于分享	☆☆☆☆☆

第 3 单元
寻找宝藏——最短路径

单元背景描述

在生活和学习中，我们常常用到表示地理位置或方向关系的方位图。方位图可以让我们更准确地了解地点之间的方位关系，从而进行定位和导航。通过合理规划，可得到一条最短或最优的路径，节约时间和成本。如果机器能学会这种计算方法，并执行这样的任务，那么我们的生活一定能变得越来越智能化。

第 3 单元　寻找宝藏——最短路径

第 1 课　宝藏的秘密——认识方向

活动目标

1. 理解方位的概念，感知"上、下、左、右"4 个方向；
2. 经历探究辨别方向的过程，体验合作探究的乐趣。

活动内容

观察下面图片，请帮助琪琪走到她要去的地方。

1. 琪琪去学校，要往（　　）面走。
2. 琪琪去乐乐家，要往（　　）面走。
3. 琪琪去商店，要往（　　）面走。

4.琪琪去植物园，要先往（　　）面走，再往（　　）面走。

◀活动 ❶ 方向舞蹈

老师手中有一些写着方向词汇（如上、下、左、右）的卡片，同学们要将方向词汇与简单舞蹈动作对应起来。播放音乐，老师随机抽取卡片，同学们根据卡片上的指令快速做出相应动作。随着游戏进行，逐渐加快节奏，提高反应速度和方向判断能力。

◀活动 ❷ 送水果回家

请把"上""下""左""右"填写在（　　）里。

第3单元　寻找宝藏——最短路径

1. 🥒 的（　）面是 🍑。
2. 🍑 的（　）面是 🍐。
3. 🍑 的（　）面是 🍎。
4. 🍇 的（　）面是 🍑。

知识点总结拓展

　　古时候,北斗七星是人们用来辨别方向的重要指针。今天,我国自主研发的北斗卫星导航系统,已成为全球导航领域的璀璨明星。自20世纪80年代起,我国科学家就开始设想研制自己的卫星导航系统;1994年,我国正式启动卫星导航系统建设和发展,并正式命名为北斗卫星导航系统。30年弹指一挥间,如今,我国的北斗卫星导航系统正在服务全世界。

第 2 课　小蚂蚁回家——寻找最短路径

活动目标

1. 找到从起点到终点的所有路径，比较不同路径所用的步数或时间的区别；
2. 计算从起点到终点有多少条最短路径。

活动内容

一只小蚂蚁去找食物，一阵大风把它吹到一片森林（A处）里，它只好自己找回家（B处）的路。通过观察，小蚂蚁发现回家的路径不止一条，同学们可以通过活动帮助小蚂蚁回家吗？

‹活动 1 画彩色路径

活动规则：从 A 到 B，找到多条路径，并用不同颜色画出来。

第 3 单元　寻找宝藏——最短路径

◁ 活动 ❷　找最短路径

活动规则：同学们只有找到最短路径才能帮助小蚂蚁顺利回家，分享交流各自的方法和收获。

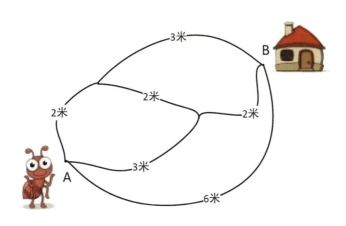

AI 魔法课堂：逻辑冒险

知识点总结拓展

找到最短路径的关键有以下几点，一是找到路线方向和路线可能经过的点；二是明确一个点能从哪些点过来；三是找出从这些点过来的最短距离。

第3课　夺宝新奇兵——绘制最短路径

活动目标

1. 绘制地图，根据故事情节标记方位、地点、距离等；
2. 通过创编和绘制故事情境图，锻炼想象力和逻辑表达能力；
3. 利用网格纸，计算从起点到终点有多少条最短路径。

活动内容

通过前面的学习，同学们已经对方位图有了更深的认识，接下来，创作一幅属于你的图画故事吧！将听到的故事绘制成地图，注意故事中出现的特殊细节，如宝藏、障碍等位置，随时将其添加到地图中。

AI 魔法课堂：逻辑冒险

活动 1 绘制地图

活动准备： 提供带有网格线的空白纸、彩色画笔和贴纸。

活动规则： 暑假爸爸妈妈带你去哪游玩啦？请手绘一张你的游玩地图，分享你的游玩路线吧！

活动 2 快速抵达

计算出从阶梯式网格（每格单位为1）A 到 B 的最短路径数量（A 到 B 斜线不能走），就可以寻到最后的宝藏。同学们用前面学习的方法，一起来完成吧，看看谁能取得最后的胜利吧！

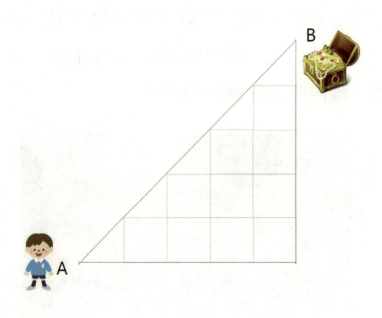

第 3 单元　寻找宝藏——最短路径

知识点总结拓展

　　阶梯型标数法是一种非常有用的解决计数问题的方法，可以轻松解决很多复杂的题目，通过一步一步标出所有相关点的路径数量，最终得到到达终点的方法总数。

　　通过学习，同学们已经初步掌握了绘制简易方位图的方法。不妨尝试把你从家到学校的方位图画出来，可以将沿途的标志建筑也画在图中，标记多条通往学校的路径，并说说哪条路径能够让你最快到达学校。

第4课　胜利大本营——最短路径的校园探索

活动目标

1. 能够从起点一步一步向外探索，找到抵达终点的最短路径；
2. 学会合理规划路线，节约时间，提高效率。

活动内容

玩一场寻宝游戏，扮演勇敢的探险家，你需要在已知的最短路径基础上，一步一步向外探索，找到从起点到地图上每个地点的最短路径。

第 3 单元　寻找宝藏——最短路径

《活动 1　小小探险家

活动规则：查看旅行日记，记录各个地点和从一个地点到另一个地点的行走距离。探险家从地图起点出发，想要到达藏宝地点，只有寻找到最短路径的人才能打开真正的宝藏。

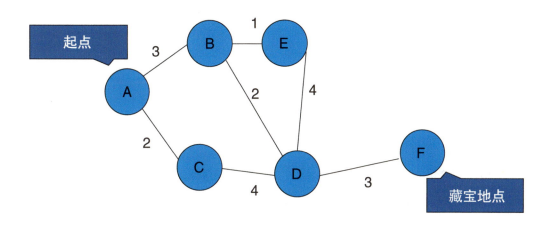

《活动 2　时间旅行者挑战赛

活动规则：请同学们领取与日常生活或学校活动相关的任务卡片，每张卡片标注了任务内容和所需时间。在虚拟的"时间胶囊"里面装有固定数量的"时间碎片"。需要在规定时间内，合理安排并完成尽可能多的任务，同时保持每个任务在预估时间内完成。完成任务后，需要记录实际用时并与预估时间进行对比，反思并分享如何更有效地利用时间。

AI 魔法课堂：逻辑冒险

知识点总结拓展

应优先选择离起点最近的地点探索，因为这样有可能更快找到宝藏。切记！到达新地点后，检查与起点相邻的所有地点，看看通过新地点到达它们是否比已知的路径更短。如果是，就在旅行日记中更新那个地点的步数。

单元总结

本单元，我们通过主题活动学习了方向、位置、路径及它们之间的关系，这与我们的生活息息相关。通过寻找和计算最短路径，可以有效地进行导航和定位，从而节约时间和成本，提高出行效率。如今，我们的汽车、飞机等交通工具都离不开这种智能化的计算方式，我们的生活也在朝着越来越智能化的方向发展。

我的收获

通过本单元的学习，你对以下知识掌握了多少呢？动手涂一涂吧！

能分清楚上、下、左、右4个方向	☆☆☆☆☆
掌握了至少一种找到最短路径的方法	☆☆☆☆☆
可以根据情节和位置关系绘制一幅故事地图	☆☆☆☆☆
乐于参与课堂游戏	☆☆☆☆☆
积极发言，乐于分享	☆☆☆☆☆

第 4 单元
孰轻孰重——快速排序

单元背景描述

智慧星球上,智慧启航小学的图书馆被怪兽"混乱"搞得一团糟,不过别怕,咱们有快速排序这个超级武器来拯救!快来参加我们的冒险活动吧,一起探索快速排序的神奇之处,学习它的原理和操作方法,看看它有多厉害!

第4单元 孰轻孰重——快速排序

第1课 排序小达人——并行排序

活动目标

学习并行排序相关内容。

活动内容

在计算机科学中，并行排序就是让计算机同时处理多个任务，而不是一个一个地处理。这就像是参加跑步比赛时，每个同学同时开始跑，而不是一个一个地跑。这样做的好处是，我们可以更快得到结果，因为多个任务是同时进行的。我们应该齐心协力共同完成任务，排序小达人们，我们立刻启程前往智慧星球吧！

AI 魔法课堂：逻辑冒险

活动 1　小试牛刀——排序任务确定

要使得智慧启航小学的图书馆恢复秩序，我们应该做哪些事情呢？

图书可以按照（　　　）进行排序，方便我们（　　　）。

图书可以按照（　　　）进行排序，方便我们（　　　）。

图书可以按照（　　　）进行排序，方便我们（　　　）。

活动 2　齐心协力——并行排序

真是太棒了！大家想到了这么多排序指令来帮助智慧启航小学的图书馆恢复秩序，可是这么多排序指令我们该怎么完成呢？让我们制订一个拯救图书馆的计划吧，想想我们并行排序的原理，并和同学们一起讨论交流吧！

知识点总结拓展

> 智慧启航小学图书馆的图书杂乱无章，图书在按书名、作者或类别排序后，查找就变得简单多了。这就是排序的魔力。我们学过并行排序方法，并行排序可以利用多个处理器同时进行，能快速完成排序任务！

第 4 单元　孰轻孰重——快速排序

第 2 课　步步为营——快速排序的学问

活动目标

1. 理解"分治法"思想；
2. 学习快速排序的基本步骤。

活动内容

为了让智慧启航小学的图书馆重焕光彩，恢复秩序，我们将学习一种强大的排序技能。快来加入我们，共同拯救图书馆吧！

活动 1　化繁为简——分治法

我们已通过并行排序法制订了拯救图书馆的计划，现在将任务分配给每个人，这就是"分治法"的体现。"分治法"就是将复杂任务分解为若干小任务，就是所谓的化繁为简。"分治法"能否帮助我们完成自己的任务呢？和同学们分享一下你的想法吧。

活动 2　挪移大法——快速排序的步骤

我们马上就要到达智慧星球了，我给大家表演一个小

AI 魔法课堂：逻辑冒险

魔术，让大家放松一下心情。

这里有7张随机摆放的扑克牌，我要将它们按照由小到大的顺序排列。

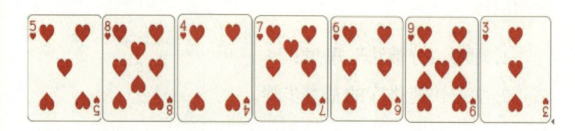

下面以数字代替扑克牌进行演示，我们选择第一张扑克牌5作为基准牌，现在，要把所有小于5的扑克牌放在它的左边，所有大于5的扑克牌放在它的右边。具体如下。

4、3、5、8、7、6、9

接下来，我们对小于5的扑克牌进行操作。

小于5的扑克牌有（4、3），以第一张扑克牌4为基准牌，则小于基准牌的有：（3）；

大于基准牌的有：（无）。

得到以下排列：

3、4

此时左边的排列已经符合要求，再进行右边大于基准牌5的排列。

大于5的扑克牌有（　　），以第一张扑克牌（　　）为基准牌，会得到

第4单元 孰轻孰重——快速排序

小于基准牌（　　）的有：（　　）。

对于小于基准牌的扑克牌，重复"找基准、左右分堆、先左后右再找基准"的过程，直至所有扑克牌满足要求。最终得到如下排列：

6、7

大于基准牌（　　）的只有9。

下面就是见证奇迹的时刻，我们得到了想要的排列：

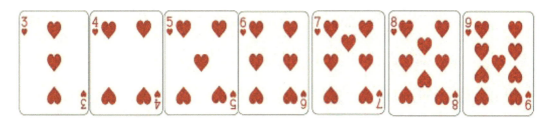

这就是我们新的排序技能——快速排序法！

知识点总结拓展

> 快速排序算法首先需要选取一个基准数。根据这个基准数，其他数可分为两堆：小于基准数的和大于基准数的。在基准数确定后，左侧数小于基准数，右侧数大于基准数，从而实现整体有序（采用"分治法"策略）。但这还没完呢！由于这两堆数的顺序还是乱的，我们需要再在每个堆里选取基准数，然后继续排序，直到每个数都找到了自己的位置。

第 3 课　小小魔术师——动手排序的乐趣

活动目标

实践操作快速排序法。

活动内容

终于来到了智慧启航小学，虽然场面很混乱，但我们不能惊慌，要冷静地分析问题。排序小达人们，开始运用你们的排序能力行动吧！

第 4 单元　孰轻孰重——快速排序

活动 1　混乱的历史书

收到智慧启航小学校长的消息，他们有一批来自地球介绍中国各个朝代历史的图书，需要我们帮助他们按照从古到今的顺序将这批图书整理好，你们能完成吗？

活动 2　哪本书最受欢迎

我们终于圆满地完成了任务，学校为了感谢我们，要送给我们图书馆中来自地球的最受欢迎的图书。下面的表格是图书被借阅次数的部分数据，请按照借阅次数由少到多的顺序将它们排序整齐吧！

图书名称	借阅次数
《哈利·波特与魔法石》	297
《原来是这样！那些出人意料的奇趣百科》	306

续表

图书名称	借阅次数
《丁丁历险记：蓝莲花》	190
《甲骨文学校》	160
《半小时漫画中国史》	358
《奇妙量子世界：人人都能看懂的量子科学漫画》	377
《安徒生童话》	426
《神笔马良》	331
《没头脑和不高兴》	173
《一粒种子的旅行》	190

知识点总结拓展

本节课让我们掌握了快速排序的绝技，了解了中国古代朝代的先后顺序，还获得了《＿＿＿＿＿＿》这本书，收获满满！

第 4 单元　孰轻孰重——快速排序

第 4 课　大显身手——快速排序的应用与价值

活动目标

了解快速排序的应用与价值。

活动内容

我们终于让智慧启航小学的图书馆恢复了秩序，将踏上归途，途中让我们来总结一下此次经历吧！

AI 魔法课堂：逻辑冒险

活动 1 排一排

在这次任务中有的小达人遇到了这样的情况，要把如下的数由小到大进行排序：

7、6、5、4、3、2、1

大家用我们学到的新技能——快速排序试一试，思考一下还有其他的办法能完成这个任务吗？

活动 2 说一说

经过这次拯救图书馆的事件，我们了解了快速排序的神奇魅力。在日常的生活中还有哪些地方可以用到快速排序呢？

知识点总结拓展

> 亲爱的小达人们，我们身边有很多智能产品，它们中的快速排序算法就像隐形的超级助手，能够帮助设备高效处理信息。查看手机照片时，算法能快速排序，方便查找。智能语音助手用快速排序算法筛选信息，提供准确答案。快速排序算法是幕后英雄，它让我们的生活更便捷、更智能。

第4单元 孰轻孰重——快速排序

AI 魔法课堂：逻辑冒险

单元总结

本单元，我们了解了快速排序的步骤、特点及其在生活中的应用，掌握了快速排序的核心思想——"分治法"，帮助智慧启航小学图书馆恢复了秩序，大家真是太棒了！

我的收获

通过本单元的学习，你对以下知识掌握了多少呢？动手涂一涂吧！

熟练掌握并行排序	☆☆☆☆☆
了解分治法和快速排序的原理	☆☆☆☆☆
能利用快速排序完成所有任务	☆☆☆☆☆
了解快速排序的应用与价值	☆☆☆☆☆